AF453802

LE CONVOY DV

COEVR DE TRES-AVGVSTE

Tres-clement et Tres-victorieux Henry le Grand IIII. du nom
Tres-Chreſtien Roy de France & de Nauarre, depuis la ville de Paris iuſques au College Royal de la Fleche.

A PARIS,

Chez François Rezé Marchant Libraire,
ruë des Amandiers.

M D. C. X.

Auec Priuilege du Roy.

declaration du Roy pour les Juges
Consuls
Ludouicus dedimus sa panegyr
Ludouici
Votum pro Ludouico --
Lettre de Monsr de Rosny a la Royne.

NI NIVI
1610. LOVYS XIII. ROY DE FRANCE ET DE NAVARRE.
L L
Comme le droit d'Aineße anticipe son âge
Entre les autres Roys, ainsi fait le Courage.
PH. Pelletier. exc:

MARIE DE MEDICIS ROYNE DE FRANCE ET DE NAVAR
P. Boutin. excu.

HENRY DE BOVRBON IIII ROY DE FRANCE ET DE NAVAR.

LE CONVOY DV COEVR DE
Tres-Avgvste Tres-Clement
& Tres-Victorieux Henry le Grand
IIII, du nom Tres- Chreftien Roy de France
& de Nauarre, depuis la Ville de Paris iufques
au College Royal de la Fleche.

ES grands defaftres doib-
uent eftre plus fuiuis de larmes, que de difcours : auffi ils ferrent les cœurs, ef-
blouifsent les efprits, & font tarir les
paroles, pour ouurir les feules bondes
des eaux de trifteffe, qui courent aux
yeux, vniques tefmoings de nos plus
ameres douleurs. Le fubit & pitoyable decés de noftre Tres-grand ,&
Tres-bon Roy eft entré fi viuement
dans les ames de tous fes fubiects, que

A ij

le peuple en larmoye, la France en
eft en dueil, l'vniuers ne s'en peut
confoler, tout le monde regrettant
celuy, à qui le merite deuoit vne
tres-longue vie, & le defir commun
fouhaitoit vne immortalité. L'hi-
ftoire n'egalera iamais la grandeur de
fes vertus, & le nombre de fes bien-
faicts: ny la plume n'efcrira l'Oceã des
foufpirs, & l'infinité des doleances, qui
ne cefferont iamais; puifque iamais ne
mourra la memoire de ce Magnanime
Prince, à qui la France doit, qu'elle eft
maintenant France. Puis donc qu'vn
rideau de filence couure mieux à pre-
fent la face de nos malheurs, vne fim-
ple toile d'vn brief narré reprefentera
en partie l'honneur rendu au los im-
mortel de ce Monarque, eternelle-
ment regretable.

Le gros des plaintes & trifteffes a
efté commun, car il eftoit le Pere com-

mun de tout ſon Royaume. Les Religieux de la compagnie de Ieſus, comme ils le recognoiſſoyent pour leur
ſingulier RESTAVRATEVR ET
PROTECTEVR, l'ont tres-ame-
rement regretté, & regretteront inceſ-
ſamment, ayant faict vne perte irrepa-
rable en celuy, qui les couuroit de ſa
Royale bienveillance, cogneuë, & teſ-
moignée a tout le monde. Au milieu
de leurs ſouſpirs, & cuiſantes douleurs
pour allegement de leur mal, ils ſe ſou-
uindrent de la diſpoſition que ſa Maieſté auoit fait en l'eſtabliſſement de
ſon College Royal de la Fleche, de
leur donner ſon Cœur apres ſon treſ-
pas, comme il leur auoit fait ceſte faueur durant ſa vie, que de les honorer
d'vne particuliere bienveillance. Ainſi
ils ſe mirent en deuoir de recouurer, &
conſeruer ceſte precieuſe piece de ce
cruel naufrage.

Monsienr de la Varanne qui à
moyenné dés le commencement, &
procuré depuis par toutes voyes l'a-
uancement de ce College pour le seruice de Dieu, & du public, pour l'honneur & profit de sa patrie, fit icy preu-
ue de son indictble affection.

Il ramenreut à la Royne la volonté
du feu Roy, qui luy accorda volontiers
qu'elle fut executée de point en
point. Ledit Sieur enuoya aussi tost
ausdits Peres en leur maison Professe
de S. Loys, de se tenir prests pour venir
prendre ce thresor, quand ils seroient
mandez, & bien tost apres leur enuoya
quelques carrosses, dans lesquels il se
trasporterent au Louure, pour ensem-
blement saluër le Roy, & la Royne, &
leur offrir de nouueau leur tres-hum-
ble seruice.

Arriuez qu'ils furent en la chambre du Roy, & eurent fait les reuereces

ordinaires, fa Maiefté embraffant les principaux, fit à tous vn acueil fort gracieux. Le Pere Coton porta la parole, tefmoignant l'extreme douleur que la Compagnie reffentoit de la playe incurrable qu'elle auoit receu au trefpas du Roy defunct , & comme ils eftoient refolus de fe confommer, & fondre au feruice de fa couronne. Le Roy affifté de Monfieur de Souuré fon tres digne Gouuerneur, les affeura qu'entre les autres qualitez, qu'il vouloit heriter de fon Seigneur & trefhonoré Pere, eftoit l'amour enuers ceft ordre, & que continuans d'affectionner fon feruice , ils experimentoient vne pareille bien-veillance.

Cela faict, ils tirerent en la Chãbre de la Royne, qu'ils trouuerent accõpagnee de quelques Dames ordinaires de la Cour, de Monfieur le Grand, Monfieur de Chafteau-vieux, & autres Seigneurs. Si toſt qu'ils l'apperceurent, ils ſentirent les regrets qui leur ſerroiét le cœur ſe redoubler, par compaſſion de ceſte affligee Princeſſe, laquelle deux iours auparauant on auoit veu au plus haut de ſa gloire, toute brillante de l'eſclat de la grandeur & Majeſté Royale. Et alors ils la voyoient couuerte d'vn ſimple habit de dueil, touſjours neantmoins à ſoy pareille, & portant ſur ſon frõt les marques d'vne generoſité fort ſinguliere.

Tous les Peres l'ayans humblement ſaluée, le Pere Coton voulut faire offre du meſme ſeruice qu'il venoit de proteſter au Roy. Mais à grand peine euſt-il commencé, qu'il fuſt empeſché de ſes larmes meſlées de ſanglots, & accompagnées du dueil commun de toute la Compagnie. Auſſi eſtoit-ce la ſaiſon de pleurer pluſtoſt que de parler.

La

La Royne essuyant ses yeux, mon-
strant qu'elle agreoit cette salutation:
Mes Peres, dit-elle, le feu Roy mon
treshonoré Seigneur & mary vous a ai-
mé d'vn vray amour, comme chacun
sçait, & pour marque il a voulu qu'a-
près son decez, vous fussiez les deposi-
taires & gardiens de son cœur, i'ay
commandé qu'on vous le donnast, &
que sa volonté fust effectuee. Ayans ce
gage precieux, & continuans enuers
le Roy mon fils au deuoir de la fidelité
que vous luy auez renduë, mon affection ne vous sçauroit iamais man-
quer. Asseurez vous que ie vous main-
tiendray, & auray soin de vostre con-
seruation comme personnes que ie
iuge vtille a cet estat.

Ces propos furent suiuis des hum-
bles remercimens des Peres, qui ayans
pris congé, se transporterent droit en
la chambre où l'on embaumoit le

B

corps du deffunct. Chofe pitoyable à
voir , notamment à ceux qui deux
iours auparauant l'auoient veu fi
ioyeux, & plein d'vne fanté fi parfaite.
Monfeigneur le Prince de Conty arri-
ua incontinent apres, accompagné de
plufieurs Seigneurs , fondant en larmes. Il fe mift à genoux deuât le Cœur
Royal. Et fa priere finie l'ayant pris fur
vn couffin paré d'vne gaze brochee
d'or le remift entre les mains du Pere
Barthelemy Iacquinot fuperieur de la
maifon de S. Loys, lequel reueftu d'vn
furplis & de l'Eftole, le receut au nom
detoute la Compagnie, auec proteftа-
tion de l'obligation eternelle que tout
l'Ordre auroit à la memoire du feu
Roy, de les auoir voulu honorer d'vn
depoft & gage fi precieux. Puis accompagné de fes Freres, & fuiui d'vn grand
nombre de Noblefse, les flambeaux al-
lumez il fut conduit à la grand' porte

du Louure où les caroſſes les attendoient. Il entre auec quatre autres du
meſme Ordre, & deux Gentilshom-
mes qui portoient des flambeaux en
celuy du Roy, qui fut le meſme dans
lequel ce bon Prince auoit receu le
deſplorable coup de mort. Les Gardes
ordonnez par Monſieur de Vitry ac-
compagnans ce dueil, ils arriuerent à
S. Loys enuiron les huit heures de ſoir,
le Samedy quinzieſme de May.

L'appareil de ce triſte conuoy 'fiſt
bien toſt cognoiſtre au pieux & affligé
peuple de Paris paſſionnément amou-
reux de ſes Rois, ce que c'eſtoit. Dont
pluſieurs nonobſtant la pluye & l'incommodité du temps treſ-grande , ſe
ioignirent à la trouppe , & tous pour
teſmoigner de plus en plus leur affection enuers leur Prince treſpaſſé, non
contents d'auoir jetté de l'eau beniſte
ſur ſon cœur, voulurent encor à l'imi-

ration des Peres le baiser l'vn apres l'autre. Ce ne fut pas sans espancher beaucoup de larmes.

Trois iours durant, ce riche thresor reposa dans la Chapelle domestique de la maison, au quatriéme qui estoit le mecredy veille de l'Ascension, on l'exposa à la veuë du peuple. Ce fust au costé droit du grand Autel sous vn pauillon, & sur le mesme coussin qu'il auoit esté apporté, deux flambeaux de cire blanche brulans continuellement deuant, & enuironné par les costez des plus beaux paremens que la pauureté d'vne maison Professe auoit peu fournir. Apres chaque Messe le Prebstre y alloit dire le *Deprofondis*, & l'apresdisnee quelques vns des Religieux y recitoient le Psaultier.

Ce pendant le Pere Ignace Armand Prouincial de la compagnie en France, se trouuant pour lors à Neuers, ou

il visitoit le College, qu'ils ont en ceste
ville, rebroussa à Paris, & apres auoir
salué le Roy, & la Royhe, sçeur de
Monsieur de la Varanne, que le Lundy
apres la Pentecoste on partiroit pour
porter ce depost au College Royal de
la Fleche, ou il estoit destiné, & vingt
de la Compagnie furent nommez
pour l'accompagner par le chemin.
Tous de grand matin ayans dit Messe
pour le deffuct, a celle du Pére prouincial, qui fut la derniere sur les quatre
heures, assista Monsieur le Comte de
Soissons, Monsieur le Duc d'Esperno,
Monsieur le Grand, & plusieurs autres
Seigneurs de remarque.

La Messe acheuee tous ces Religieux se reuestent de surplis, & tenans
vne chandelle de cire blanche en main
se mettent en ordre, l'vn d'iceux portât
vne Croix d'argent doré, & deux au
costé les deux Chandeliers de mesme,

B iij

les autres ſuiuoient deux à deux auec
vne belle deuotion & modeſtie. Le Pere Prouincial marchoit le dernier en
ſurplis & eſtole, tenant le Cœur ſur
vn carreau de velours noir couuert
d'vn crepe, & en ceſt ordre entrerent
dans les Caroſſes, qui les attendoient
à la porte de l'Egliſe. Ledit Pere Prouincial auec cinq autres, print place au
fond du caroſſe du Roy, portant entre
ſes bras ceſte douloureuſe charge: Laquelle il laiſſoit ſur le midy & ſur le ſoir
repoſer aux Egliſes, ou il eſtoit con-
duict de diuerſes proceſſions qui ve-
noient au deuant.

Ces Princes & Seigneurs, qui a-
uoient aſſiſté à la Meſſe, monterent
auſſi toſt à cheual, qui furent inconti-
nét ſuiuis de pluſieurs autres, tant Princes que Seigneurs principaux de la
Cour, qui marcherent quelque temps
en eſquadrons, puis aſſemblez firent

vn gros de mille à douze cens che-
uaux, iufques au Bourg la Royne.

Les Peres dans leurs caroffes, no-
tammét ceux, qui eftoient dans celuy
du Roy, où eftoit le Cœur, pfalmodi-
oient par tour. Tout le lóg du voyage
n'ót efté que continuels tefmoignages
d'vne finguliere affection de ces peu-
ples enuers leur Roy. Auffi ce bó Prince auoit couftume de dire parlant de
fes fubiets, Ils me cognoiftront mieux,
quand ils m'auront perdu. La premie-
re rencontre fut de Monfieur le Con-
te de Curfon , qui recognoiffant le
dueil, faulta de fon cheual à terre , &
tout trempé de pleurs , vint coler fa
bouche au Cœur de fon bon maiftre.
Monfieur le Chancelier accompagné
de plufieurs feigneurs rendit le mefme
office à celuy, auquel il a feruy fi fidele-
ment: Trois fois le fieur de Paffefeau
fe voulut aprocher, & trois fois le ge-

noüil luy fleſchit , eſtant attainct d'a-
mour, de crainte, & reuerence. Monſieur le Duc de Mont bazon, & Monſieur de la Varanne, auſquels la Royne
auoit commis ceſte conduite, eſtoient
la plus grande partie du temps tous eſ-
plorés, ne pouuans, ne ſçachans diſſi-
muler l'indicible regret, qu'ils reſſen-
toyent en leur ame, d'auoir perdu, &
d'vne telle ſorte, vn ſi bon & amiable
Maiſtre. La troiſieſme iournée Monſieur de la Varanne prit le deuant pour
voir l'appareil dreſſé par les habitans
de la Fleche. On ne rencontroit ſi petit
village en chemin, ou a l'étour, d'où les
Preſtres auec la Croix, accōpagnez de
leurs paroiſſiens ne vinſſent au deuant,
ſans auoir eſgard à l'incommodité des
chemins, qui eſtoit grande à raiſon des
pluyes continuelles,& là on ne voyoit
que larmes, on n'entendoit que pleurs
& gemiſſemés de ces bons villageois.

Monſieur

Monſieur de la Frette, Gouuerneur
de la ville de Chartres , accompagné
des plus notables Seigneurs & citoyés
vint au rencontre plus de deux lieuës
loing. Et ce venerable & Auguſte Chapitre de Noſtre Dame auec le reſte du
Clergé, & tout le corps de la ville ſor-
tirent hors les portes, chacun penſant
ne rien faire , s'il ne faiſoit plus que
tous autres, & a l'enui, pour honorer
vn Prince ſans parangon. L'arriuee fut
à nuiċt cloſe, & n'y voyoit-on que par
la lumiere des flambeaux , qu'a peine
ſe tenoient alumez , à raiſon d'vne
groſſe pluye , qui fit changer les ruës
en torrens : Le Ciel nous voulant faire
entendre, que les larmes des hommes
n'eſtoyent pas ſuffiſantes de pleurer ce
mechef.

Le Pere, qui portoit le Cœur, auec
ſes compagnons , mit pied a terre au
rencontre de ceſte Proceſſion, & Mon-

C

fieur le Doyen s'eſtát ioint a ſon coſté,
ils pourſuiuirent leur chemin. La plus
part de ce bõ & deuot peuple eſtoit teſte nuë, & les Eccleſiaſtiques auec le
bonnet carré, au milieu de ces deluges,
& en ceſt equipage on paſſe les faux-
bourgs, & la ville, iuſques à la grand' E-
gliſe, ou le Cœur fut poſé, & donné
en garde a Monſieur le Doien, qui accompagné de pluſieurs autres Cha-
noïnes, veilla toute la nuict en prieres
& oraiſons.

Le lendemain tous les peres dirent
la Meſſe, apres laquelle ils ſe raſſemble-
rent en l'Egliſe pour prendre leur cher
depoſt: Meſſieurs du chapitre s'y trouuerent en ordre, & Monſieur le Doien
ayant deſir de le porter iuſques a la
porte de l'Egliſe, ou les caroſſes atten-
doiét luy fut accordé bien volontiers.
Ainſi ſortis de Chartres, ils arriuerent
à Champ-rond d'aſſés bonne heure, ou

le reſte du iour fut employé par les Peres a chanter Veſpres & Vigiles des
morts.

Mercredy de bon matin ils s'ache-
minerent vers Nogeant, & comme
l'on approchoit, les Eccleſiaſtiques
dudit lieu, & vne grande quantité d'habitans leur vindrent au deuant, teſ-
moignans le mieux, qu'ils pouuoyent,
l'honneur, & le reſpect, qu'ils portoiēt
a la memoire de leur Prince.

Les Peres Capucins n'y manquerent
point: Ici le Pere Gontery fit vn ſer-
mon tel, que le lieu & le temps le per-
mettoit, auquel il exhorta ſon auditoi-
re de prier feruémēt pour l'ame du
Roy deffunct, & de s'affectionner
d'vne pareille ardeur au ſeruice de celuy, qui a ſuccedé à ſes eſtats, & à ſa
Couronne.

La nuict ſe paſſa a la Ferté-bernard,
ou le Cœur repoſa en vne Chapelle au-

tant ardête de vœux, que de feux, dref-
fée en vne petite Eglife du fau-bourg,
tous les habitans, notamment les Ec-
clefiaftiques, y firent leur deuoir. Là,
auant que fe retirer, le Pere Iacquinot
fit le fermon de mefme fuiect, que le
P. Gôtery, car pouffés d'vn mefme ef-
prit, & reffentant vn mefme mal, ils ne
pouuoient que prefcher conforme-
ment.

Le Ieudy ils vindrent a Gué-celar.
Il ne faut paffer fous filence la demon-
ftration de l'affection finguliere de la
Ville du Mans enuers fon Prince &
fouuerain Seigneur. Comme ils eurent les nouuelles de ce Conuoy, &
qu'ils n'auroiết pas ce bien, qu'il paffaft
par leur Ville, Monfieur le Comte de
Negrepliffe Gouuerneur, auec vne
belle troupe de Nobleffe, Monfieur le
Lieutenant General, auec les autres
Officiers de la Iuftice, vn grand nom-

bre d'hommes, & de femmes de toute qualité s'en vindrent plus d'vne
lieuë fur le grand chemin, où il deuoit
paſſer, le bordant d'vn coſté & d'autre. Ils verſoient plus de larmes, que
s'ils euſſent perdu leurs plus proches,
& s'eſtimoient heureux de baiſer
ou toucher le Carreau, ou repoſoit
ce precieux depoſt : que ſi quelqu'vn
d'entr'eux auoit la faueur de donner
vn baiſer, comme elle fut accordee au
plus apparens, ils le laiſſoient tout bai-
gné de larmes. Ledit ſieur Lieutenāt ſa
dreſſa à monſieur le Ducde Mont-bazon, & luy fit vne belle harangue ſur
le reſſentiment d'vne telle perte, auquel ledit ſeigneur Duc reſpondit fort
ſagement, & auec grande promptitu-
de & eloquence.

Finalement ils arriuerent le Ven-
dredy ſur les dix heures à la Fleche, ville, qui auoit reſſenty par deſſus toutes

ce cruel defaſtre : & en auoit encores
les larmes aux yeux : ville, que cet in-
comparable Monarque cheriſſoit par-
ticulierement, & qu'il deſſeignoit rẽ-
dre vne des plus belles de ſon Royaume en ſa qualité,

La reception fut telle. Le Preuoſt
auecques ſes Archers marchoient deuant, apres eux les Eſcoliers diſpoſez
en bel ordre, iuſqu'au nombre de
douze cens, ſelon le rang des claſſes,
les Theologiens portant des cierges
en main. Les Eccleſiaſtiques alloient
apres, & entr'eux les Peres Recollects,
& les Eſcoliers Religieux de diuers
Ordres, puis dixneuf parroiſſes ve-
nuës de dehors, ſuiuies de celle de la
Ville. Les Peres du College Royal re-
ueſtus de ſurplis, chacun vn cierge en
main, fermoient ce rang. A la teſte
des ſeculiers eſtoit Monſieur de la
Varanne, & Monſieur le Baron de

fainѐe Sufanne fon Fils, accompa-
gnez de vingt & quatre Seigneurs Ef-
coliers, la plufpart en dueil.

Suiuoient Meſſieurs de la Iuſtice, &
autres Officiers auec les Bourgeois
marchands, & tout le peuple de la Ville portans tous des torches blanches
allumees, chacun felon fon rang. En
ceſt ordre on s'arreſta hors de la ville
en vn grand pré iufques à l'arriuee du
cœur, qui ne tarda guere, auant que fe
ioindre. Monfieur de Mont-bazon,
& les Peres mirent pied à terre.

On auoit dreſſé vne table couuerte de noir, fur icelle le Pere Prouincial pofa le carreau, auec vne Croix,
entre deux chandeliers d'argent doré. Toute la proceſſion paſſa par
deuant, & flechiſſant le genoüil en
terre, luy fit tref-humblement hom-
mage. Les Peres de Paris fe ioignirent a ceux du College Royal, Ce-

la faict le Pere Prouincial reprend le cœur, vn Heraut d'armes le procede, douze Archers des gardes, & deux Exempts luy font escorte auec le pistolet en la main, deux luy souſtiénent les bras, qui toutes-fois ne ſentoient ceſte laſſitude, pour la bienveillance, de laquelle ce bon Prince l'auoit tant de fois honoré l'eſpace de ſept ans, depuis le iour qu'il eut l'honneur del'aborder, & parler à ſa Maieſté en la ville de Mets en Lorraine.

En tel ordre on arriue à la porte de la ville reueſtüe de dueil, & d'eſcuſſons : de la à ſainct Thomas, Egliſe principale de la Fleche, laquelle eſtoit tendüe en noir, comme auſſi celle de S-François, & la Chappelle des Religieuſes.

Durant ceſte proceſſion, les Peres, & autres Eccleſiaſtiques pſalmodiérent iuſques à l'entrée de l'Egliſe.

Auſſi

Auſſi toſt on commença le ſeruice, ou le peuple pleurant feiſt paroiſtre le dueil, qu'il portoit de ſa
perte.

L'office paracheué le Pere Coton
commença l'Oraiſon Funebre, laquelle à peine ourdiſſoit il, que les larmes &
les ſouſpirs coupoient deſia le fil de ſes
diſcours, ce qui le contraignit de laiſſer
l'hypotheſe, & ſe ietter ſur le commun
& general. Il ne laiſſa pourtant d'y re-
uenir, & fit entendre à tous l'obligation nompareille, & treſ-particuliere,
que toute la Compagnie recognoiſ-
ſoit auoir à la memoire du Roy defunt,
que Dieu abſolue, & le ſeruice qu'elle
deſiroit rendre au Roy ſon fils preſen-
tement regnant, & à la Royne Regéte
ſa mere, côme c'eſt vne extreme faueur
& honneur à ladicte compagnie de ſe
voir en poſſeſſion d'vn dõ ſi precieux.

Apres le Sermon, la proceſſion

D

commença à sortir de sainct Thomas: Mõsieur de Mont-bazon prit le cœur de la main du Pere Prouincial , & le porta de là iusques au College , que les peres auoient paré en dueil , non pas à l'esgal de leur affection enuers ce grãd Monarque, mais au pied de leurs forces & du temps, qu'ils auoient eu fort court.

La grande porte du College estoit reuestuë de dueil, l'ornemẽt de laquelle declaroit comme le feu Roy viuoit encore en son Fils.

Au frontispice de ce portail on voyoit vn grand tableau du nom de IESVS, au milieu duquel estoit vn Cœur rayonnant, & richement couronné: A la droicte vn Phœnix brusllãt, qui disoit, *Similis in Prole resurgo*, à la gauche vn Pelican auec ce mot *Mors & vita iuuat natos*. La frise disoit, *P. M. Henrici IIII. posuit Ludo-*

uicus de Rohan, c'eſt monſieur le Compte de Rochefort eſtudiant en ce College, fils de Mónſieur le Duc de Mont-bazon.

Ie laiſſe les autres Emblemes portás chacun leur mot auec quelques dyſtiques qui expliquoyent ces Tableaux diſpoſez en bel ordre & proportion.

Au milieu de la grande Cour ſe preſentoit vn Arc de 27. pieds en hauteur, & 26. en largeur, reueſtu de dueil & de torches, ſon ouuerture large de 10. pieds, & haulte de 18. Du milieu ſortoit vn grand eſcuſſon portant les armes de France & de Nauarre, l'architraue diſoit: *Deuictori omnium hoſtium, & ſuper omnes retro Principes prouidentiſſimo Regi Henrico IIII. Soli inuicto, Immortali memoriæ, & Maieſtati eius ſemper dicatiſſimi P P. Ludouicus de la Valette: Arthuſius, d'Eſpinay:* Le premier eſt fils de Monſieur le Duc d'Eſ-

pernon: Le second eſt frere de Monſieur de S.Luc: l'enrichiſſement conte-
noit diuers emblémes , & tableaux
auec leurs deuiſes & dyſtiques qui les
expliquoient.

Des deux coſtez de la Cour on
auoit dreſſé deux Galeries diſtinguees
en 17. arcades par pilaſtres parſemés
de larmes, & de fleurs de lys d'argent,
en fond noir. Au milieu de chaque ar-
cade paroiſſoyent les armes de France
accompagnées de reſtes de mort, & de
grands flãbeaux. Le fond eſtoit tapiſ-
ſé d'affiches en taille douce, ou le Roy
à guiſe des anciens Ceſars ſe trouuant
las de la terre ſembloit cercher le Ciel
porté par vn aigle au deſſus de l'air.
Toutes ces poëſies eſtoyent ouurage
des 4. premieres claſſes, qui auoient ſi
heureuſement rencontré, que pluſieurs des lieux circonuoiſins en tirerent coppie.

Ceſte pompe funebre eſtant paſsée

par deſſous ce grand arc remarquoit
vne pyramide d'vn coſté, & de l'autre
vne colomne, qui auoit eſté deſſignée,
mais nõ paracheuée, pour la briefueté
du têps. De la ſe voyoit la maiſõ du feu
Roy, qu'il dõna aux Peres de la cõpa-
gnie, en l'eſtabliſſemêt de ſõ College.

   L'entree couuerte de dueil & d'eſcuſſons, pleuroit la mort de ſon Prince,
& monſtroit le chemin à la grande ſale
tenduë en velours, qui ſert maintenât
de chapelle. Au deuât de l'Autel, paré
en dueil, on eſtoit arreſté par vn échaf-
faut couuert d'vn grand drap de ſoye,
pour receuoir le Cœur, & donner vn
peu de temps aux regrets & ſouſpirs.
Aux deux coings de l'Autel eſtoient
dreſſées deux colónes couuertes d'or
bruni, & vn arc qui eſtoit arraché dés
chapiteaux deſdictes colomnes, & ar-
riuoit iuſques au haut de la Sale, le
vuide entre l'arc, & les colónes eſtoit

rempli des armes de France & de Nauarre. A la naiſsance de l'arc trauerſoit
vne corniche, du milieu de laquelle
ſortoit vn fleuron doré auec ſes bran-
ches, pour receuoir ce precieux gage.

Le Heraut eſtant dreſſé ſur l'eſchaf-
faut, receut des mains de Monſieur le
Duc de Mont-bazon, ce grand depoſt,
& ayant prononcé à haute voix, Icy
giſt le Cœur de Henry IIII. Tres-
haut, Tres-puiſsant, & Tres-Chreſtien
Roy de France, & de Nauarre, & repe-
té par trois fois ſelon la couſtume de
France le Roy eſt mort priez pour ſon
ame, logea le Cœur au lieu de ſon re-
pos, attendant que les vrnes plus richement elabourees, ſoyent parfaictes.
Leſquelles ſerót miſes deuát le maiſtre
Autel de l'Egliſe, que nous eſperons
voir acheuee dans peu de temps. puis
ayant oſté, & repris ſa caſaque par
commandement de ceux, qui condui-

soient le conuoy, dict à pleine voix,
Viue Loys XIII. Tres-Chrestien Roy
de France, & de Nauarre, Viue le Roy,
tout le monde le suiuit de pareille ac-
clamation auec vn mot lugubre con-
uenable aux lieux, & au temps.

Le fond de la Chapelle estoit couuerte de poësies
& compositions, que les Religieux de ce College
auoient tiré du profond de leur cœur, en diuers lan-
gages, pour tesmoigner les regrets qu'ils auront à iamais de la mort d'vn si grand Roy, qui les auoit eter-
nellement obligez. Les vnes ont esté prises & esga-
rées, les autres reseruées pour le tombeau qu'ils pre-
tendent dresser à l'eternelle memoire d'vn tel Prince. Les plus courtes vous seront presentées pour es-
chantillon de toute la piece, qu'on estendra cy apres.

Ce fait, Monsieur le Lieutenant General portant
la parole au logis de Monsieur de la Varanne, pour
le Corps de la Iustice, & de la ville, tesmoignant par
vn discours plein de zele, d'affection & de plaintes,
l'extreme douleur, dont ceste ville est particuliere-
ment atteinte en la perte de son tres-bon Roy, en-
semble l'honneur qu'elle reçoit par le depost tres-
precieux de son Cœur : & remercia Messieurs de
Mont-bazon, & de la Varanne, de ce que la ville re-
cueilloit par leurs mains vn present de si haut prix.

Monsieur de Mont-bazon respondit sur le mesme subject tresgrauement, auec les tesmoignages
de son affliction empraintes en son visage en sa pa-

rolle, & en ses gestes.

Depuis fut conclud & arresté en l'assemblee de Ville tenuë deuant le Lieutenát general, que doresnauant & à perpetuité, par chacun an le 4. Iuin, auquel iour le cœur du feu Roy & de tres-heureuse memoire fut apporté en cette ville, & deposé en l'Eglise des Peres de la Compagnie de IESVS, a qui cet Auguste & Precieux gage a esté donné) sera faite procession generale de l'Eglise parrochialle de S. Thomas en celle desdits Peres : A laquelle Procession assisteront tous les Ecclesiastiques, le Corps de la iustice, officiers du Roy & autres habitás. Au retour de la Procession se fera vn seruice solénel pour l'Ame du Tres-Chrestien Roy defunct, pareil à celuy qui a esté fait en ladité Eglise le 3. 4. & 5 dudit mois. Et cesseront toute iurisdiction, & œuures mecaniques la matinee de ce iour.

FIN.

Extraict du Priuilege du Roy.

IL est permis à François Rezé Marchant Libraire en ceste ville de Paris, d'Imprimer, vendre & distribuer vn Liure intitulé : *Le Conuoy du Cœur de Tres-Auguste, Tres-Clement, & Tres-Victorieux Henry le Grand IIII. du nom Tres-Chrestien Roy de France & de Nauarre, depuis la ville de Paris iusques à son College Royal de la Fleche*, Et defences sont faictes à tous Libraires & Imprimeurs de l'Imprimer, vendre & distribuer ledit Liure, & ce pour le temps & espace de six ans, sans le congé & consentement dudit Rezé, à peine d'amende arbitraire, de confiscation desdits exemplaires, de tous despens dommages & interest dudit suppliant, Ainsi qu'il est plus amplement contenu audit Priuilege. Donné à Paris le 6. iour de Iuillet 1610. Et de nostre regne le premier.

Signé par le Roy en son Conseil:

PERREAV.

SVSPIRIA SVPER
MORTE HENRICI IV.
GALLIARVM ET NAVARRÆ
Regis Christianissimi.

SEDIS APOSTOLICÆ.

ROMA superbificis Regum decorata trophæis,
    Morte tua, ô Regū maxime, quassa tremô.
Indolui vt primum te fossum vulnere sensi,
    Audiuique feræ tela subisse necis.
Ergóne iactatæ Petri perit anchora nauis?
    Quam tumor insani iactat ad astra sali?
Et furiosa fretum tempestas vertet? & ipsam
    Quam rego submergent æquora sæua ratem?
Non ita: Vix rutilum terras exosus, olympum
    Henricus Quartus syderis instar habet.
Cū mihi Delphinū, data cui fuit anchora, tradit
    Per quem se solidet quam rapit vnda, ratis.

E

GALLIÆ.

AH mea vita peris! Rex inuictißime, regno
   Et vita à nobis tu spoliatus abis.
Te non quo decuit Regem complexus amore
   Gallus in oppositas contulit arma minas.
Indignos tanto nos Rege supremus olympi
   Vt sensit Rector, qui tibi sceptra dedit:
Immeritis Patrem eripuit, Regemque reposcens
   Quem dederat, gaudet restituiße polo.

SOCIETATIS IESV.

FLERE libet te perdidimus fortißime Regum
   Cum te immaturæ sustulit hora necis.
Vidimus vt noster, te defendente, reluxit
   Inuidiæ sæuo dente reuulsus honos.
Tela retundebas in me coniecta, parentis
   Instar, at heu tanto sum viduata patre?
Sed bone Rex cuius me vita tegebat: amores
   Non pateris patrios te moriente mori.
Priscorum nemo regum mihi munera iactet:
   Inferiore sedent post tua dona gradu.
Tu nobis ô Rex cordis pia munera credis
   Ne fato tantus commoriatur amor.

APOLLINIS.

NON mea luctisono planctu Fixanus Apollo
    Damna fleam? fodiat nō mea corda dolor?
Heu lachrymas musæ fundunt: heu tristia passim
    Carmina flebilibus concinuere modis.
Læta canam cæsi post ultimă fata parentis?
    Num mage me in questus, coget adēptus amor?
Immo ego dum plectro cythară pulsabo: gementē
    Ingrato reddet carmine tacta sonum.
Non mihi profundet cantus lyra mæsta sonoros,
    Irrita luctantur plectra, madentque fides.
Aspice ut ex oculis ubertim flumina manent,
    Vtque manus cytharam tangere docta, tremat.
Qui mihi nutantis firmabat pondera dextræ,
    Subtraxit solitam funere raptus, opem.

MORTIS.

VNDE mihi tepuit perfusus flumine vultus,
    Quæ moueo lachrymas, mors truculēta fleă?
Non vitam extinxi: virtus regem intulit astris
    Inclita, quem vetuit post mea tela mori.
Quid? quæ consueui vitam mortalibus ægris
    Tollere & impacta demeto falce duces.

Vt vincar? sed cur vinci mihi turpe putemus?
   Cum, cui victa cadunt omnia, victa cadã?

PIIS MANIBVS HENRICI
QVARTI.

PELLÆVS Iuuenis dum castra infesta Darij
   Diripit, & fortes proterit ense manus.
Collecta ingenti præda fortißimus Heros
   Constitit, atque oculos per vaga dona tulit.
Cætera quæ pretio superaret deligit arcam,
   Quam varius gemmæ vestit obitque nitor.
Mæonides, inquit, quo vate reuixit Achilles
   Mersaque lethæis facta redemit aquis,
Huius erit doni possessor & vnicus hæres,
   Quo se pieria nobilis arte tegat?
O quanto reliquas fama supereminet vrbes
   Flexia, quæ cordi Principis arca fuit.
Instar erit sacræ quam Rex delegerit arcæ
   Quæ cor contineat non peritura situ.
Quo quid maius erit? Quod cor vastißimus orbis
   Non capit, hoc gremio Flexia sola capit.

IN COR REGIS PHOEBO
Flexiensi concessum.

EPIGRAMMA.

PHOEBVS vt Henricū lethali vulnere fossū
   Audiit, ætheream deseruisse diem.
Ingemit, & casu mentem perculsus acerbo,
   Deliquium patitur cordis, humique cadit.
Excipiūt manibus Musæ, quatiūtque, vocantque,
   Exanimi si fors vita redire queat.
Incassum : letho iam frigent membra: dolori
   Scilicet immixtus cor liquefecit Amor.
Iuppiter Aonidum sortem miseratus, an ergo
   Sic pereat Phœbus? Non ita, viuet, ait.
Cor Regis Phœbo inseruit, tandemque reuixit.
   Cur potius Regis? Rex quoque Phœbus erat.

AD VRNAM QVA COR
Includitur.

DIC age, quis dedit vrna, tibi satis esse capaci,
   Vt caperes, totus cui breuis orbis erat?
Si capit hunc totum: quî se contraxit? opinor
   Immodico nostri est factus amore minor:

Nempe suum nũquam dum pascere cessat amorẽ,
Arsit Rex, illo delicuitque rogo
Cor viuebat adhuc, vt enim Cor viuere primum
Incipit, extremum sic Cor obire solet.
Incidit in cordis latebras liquor, inde figuram
Rex cordis totus, totus amoris habet.
Hoc igitur dedit, vrna, tibi satis esse capaci
Vt caperes, totus cui breuis orbis erat.

DE CORDE HENRICI IV.
IN HENRICÆO COLLEGIO
Flexiæ humato.

EPIGRAMMA,

OSSA *Parisiacis pectusque caputque se-*
pulchris,
Vnum Fixanâ cor requiescit humo.
Cor centrum est hominis, si centro cuncta qui-
escunt,
Illa manent aliis irrequieta locis.

HENRICI QVARTI.

EPITAPHIVM.

HOC iacet extremùm Clemētia condita busto,
    Hoc tumulo Pietas & Themis alma iacēt.
Hic pater æternos sepelit Gradiuus honores,
    Virtutum hic locus est, hîc decus omne latet.
Nã quæ tã illustrē comitatã est turba Monarchã,
    Et stetit Henrico stante, iacente iacet.

DE HENRICI CORDIS VRNA.

EPIGRAMMA.

HAC non Henrici tantũ Cor cõditur vrna:
    Nostra sed illa simul corda sepulta gerit.

IN COR HENRICI IV.

VITA tui nostrique simul nectebat amor is,
    Vincula, sed ne mors solueret illa, tremo.
Quid tremo? si vitam mors: non dissoluit amorem
    Rex amat & viuus, rex amat & moriens,
Cor erit in certum monumentũ & pignus amoris,
    Quod viuendo dedit, quod moriendo dedit.

ΕΙΣ ΕΡΡΙΚΟΥ ΙΙΙΙ ΑΠΡΟΣ-
δοκητον Θάνατον.

ΕΠΙΓΡΑΜΜΑ.

Φ ΕΥ μιαρᾶς, φεῦ χειρὸς ἀνακτόνου, ὀκρυ-
οέσσης,
Ρυσίλεω ἁ βασιλεῖ λυγρὸν ἔτευχε φόνον.
Ἀντίβιον θάνατός τ᾽ ἔστι σοι Ἐῤῥίκε μάχεσθαι,
Μή κε θάνῃ κ᾽ αὐτὸς σῆς ὑπὸ χερσὶ δαμείς.
Καί κε, βροτὸς περ ἐὼν, ἀρετᾶς ζαθέησι κορυσθεὶς
Φεῦ δολερᾶς χειρὸς, πότμον ὑπεξέφυγες.

ΕΙΣ ΤΗΝ ΕΡΡΙΚΟΥ ΤΟΥ ΤΕ-
τάρτυ ἐν Φλεξίῳ Γυμνασίῳ καρ-
διοϐαφίαν.

ΕΠΙΓΡΑΜΜΑ.

Κῆρε δύω περὶ ὅς μαργάθην καὶ περὶ
   ἡμῶν·
Ἀμφὶ τῆς ζωῆς Ἕρρικε χ' ἡμετέρης.
Δηρὸν δ' ἠειδώωντο, δόλοισι μὲν ἔνθα, βεβαίᾳ
Ἔνθ' ἀρετὴ νίκης πρόυμολεν εἰς τὸ πλέον.
Σῇ ἀρετῇ σὸος ἦσθα, σόοι πελόμεθα κ' ἡμεῖς,
Κὴρ δὲ σόους ἔμεναι ἠγάσατ' ἀμφοτέρους.
Αἴθ' ὄφελες σῶς μεῖναι, ἄναξ, ὄφελον δ' ἀπο-
   λέσθαι.
Ἀλλ' ἡμέας προλιπεῖν ὐκ ἐθέλησας ὅμως.
Μαινομένη δὲ τέως, θανάτῳ σοί γ' ἄιτιον ἦλθεν
Κὴρ δολόεσσα φόνου, κῆρ τεὸν ἄμμι βίῃ.

ΕΙΣ ΤΟΝ ΕΡΡΙΚΟΥ ΤΟΥ ΤΕ
ΤΑΡΤΟΥ ΘΑΝΑΤΟΝ.

ΜΕΛΟΣ.

ΤΑΙ βάσκανοί ποτ᾽ εἶδον,
Βροτοφυγεῖς τε Κῆρες,
Φερεσβίοισιν αὐγαῖς,
Ἔρρικε, σῶν προσώπων
Γᾶν μειδιᾶσαι· εἶπον.
Ἀκτῖσιν ἁλίαιης
Τίς χρήσεται; κ᾽ ὀρφνὸς
Φοῖβος δοκεῖ βροτοῖσιν,
Ἔρρικον ὧν ἀνεῖλον.
Τὸν δ᾽ ἀρετὴ δέδεκται,
Καθίζανέν τ᾽ ὀλύμπῳ.
Κῆρες φθόνῳ τάκησαν
Ἔρρικον εἰσιδοῦσαι,
Μόνον τὸ φῶτον ἐν γᾷ,
Στίλβοντα κ᾽ ἀν ὀλύμπῳ.

ΕΙΣ ΤΟΝ ΕΡΡΙΚΟΥ ΤΟΥ ΤΕ-
ΤΑΡΤΟΥ ΘΑΝΑΤΟΝ.

ΜΕΛΟΣ.

Μεγάθυμον ὡς ἄνακτα
Αἴε στυγνῶ πεσόντα
Θανάτῳ τάλαινα Φράγκη·
Ποτιδεδρόμακε κραιπνὰ,
Πέσε γνὺξ, νέκυν τε λευκὼς
Περὶ πάχεας πέλασσε·
Χαλάσασά θ' ἀβροχαίτας
Πλοκάμως ὕπερθεν ὤμων
Ἐβόασεν ὀξὺ πένθος
Ἐνόρουσα, κ' ὠλόλυξε.
Τί τὺ κοίρανε κρεόντων,
Τί πάθες, τί δ' ἄνυσάμαν;
Τί με φεῦγες ὧδε μακράν;
Ὅτι πὰρ Θεῶ, κ' ἄναξ ὢν,
Ἐπὶ πλεῦνος ἠξιώθης.

EPITAPHE

DV COEVR DE

HENRY IV· TRES CHRE-
stien, Roy de France, & de
Nauarre.

S I d'vn sepulchre seul, le tenebreux caueau
Pouuoit enuironner de sa petite enceinte
La valeur, ie dirois que la valeur esteinte,
Auec ce noble Cœur, gist dedans ce tombeau.

COR REGIS IN

MANV DEI.

S I Dieu qui de HENRY tenoit le Cœur en garde,
Quand il estoit enclos dedans vn cors humain,
Estant mort a son filz le donne en sauue-garde,
O qu'il est asseuré d'estre en si bonne main.

SVR LE COEVR DV ROY.

IL me semblé de voir les villes de la France
Esmeuës a la mort de leur commun Tuteur,
Afin de soulager ceste perte, & souffrance
Demander en depost son magnanime Cœur·

    Chascun voudroit l'auoir: mais puisque tou-
        tes choses
Par vn droit naturel de Dieu mesme receu,
Retournent a ce point d'ou elles sont escloses;
A la Fleche on le rend, qui la iadis conceu.

LA
MVSE VIVE-
MOVRANTE A LA MORT
DV ROY.

STANCES.

MVSE que trembles-tu ? qu'as tu d'estre
    si lente ?
Si fault-il s'asseurer & hõdir, & s'aillir,
Le subiect est si grand, qui subit se pre-
    sente
Qu'aller au petit pas, ce seroit defaillir.

Dix moïssons ont passé depuis que tu sommeille
Au tombeau du silence, esperant y pourrir,
Mais entends que la mort de ton Roy te resueille,
Pour reuiure pour luy, & puis pour luy mourir.

Mourir ie veux vrayment, ie ne sçaurois plus viure
Mes iours ayant roulé parmy l'heureux courant
Du Regne de Henry ; qui ne le veult pas suiure
Aussi bien mort que vif, il veult viure en mourant

Il est vray mon grand, Roy, cependant que ta vie
Se deuidoit ça bas ; le Ciel faisoit pleuuoir

Sa faueur deſſus nous, las auſſi toſt rauie
Que tes Iumeaux brillants ont ceſſé de plus voir.

Qui peut donc deſormais ne vouloir faire eſchange
Du viure en vn mourir, ſe voyant viure apres,
Que l'heur de noſtre Vie au ſepulchre ſe range ,
S'il ne veut viure ainſi pour mourir en regrets.

Regrets accourez donc, larmes pouſſez la bonde
De vos doubles canaux, ne bornez voſtre cours
Que du ſeul non pouuoir, faictes paroiſtre au monde
Que ie fay vne nuict du reſte de mes iours:

Mais que voſtre charroy m'apporte la triſteſſe,
L'ennuy, l'effroy, l'horreur au fort de ſon courant,
Gardez bien ſeulement, qu'vn ſeul grain de lieſſe
Parmy tant de douleurs, ie reçoyue en pleurant.

L'on dict bien que les pleurs ſortant de leur fonteine
Tirent le cœur de preſſe, ou la douleur le tient
Mais voſtre flux, mes pleurs, eſt ſi fort, qu'il l'emmeine,
Le liurant au tombeau, auquel il appartient.

C'eſt le dernier deuoir, mon Roy , qu'il te veut rendre,
Il ſuiura volontiers cet aggreable effort.
Seulement qu'il te plaiſe au depart de le prendre,
Et quitte de naufrage il va ſurgir au port.

O port tres-aſſeuré, mon Roy, tu l'as ſans tranſe,
Mais plus ſeur, ſi tous ceux qui s'eſtoient ioints â toy,
Par toy ſe fuſſent mis en pareille aſſeurance,
Nos malheurs auroyent fin , & ſerois noſtre Roy.

Quand çà bas tu estois pilotant le nauire
De ceste monarchie au plus fort de l'esmoy
Le plus craintif ne dict, las! voila qu'il se vire!
Mais or le plus constant craint son calme sans toy.

Hé! qu'il ne le craindroit? ce Prince estoit si sage,
Qu'il sçauoit d'vn clin d'œil l'orage preuenir,
Ou, s'il estoit venu, nous garder du naufrage:
N'est-ce pas pour pasmer en ce resouuenir?

Muse tu t'en souuiens, & te voila suiuie
De douleur & de Pasme & n'en resens grand dueil
Si la mort de ton Roy t'a peu rendre la vie
Elle peut beaucoup mieulx te remettre au cercueil

LARMES A L'EXCELLENCE

DV FEV ROY.

Quand ie rebas les pas, que ta forte vaillance
Traça par mille fois, par mille fois i'ay peur:
L'on pouuoit dire adieu au salut de la France,
Si la France n'eust faict vn Anchre de ton cœur.

France tu n'auois plus pour ton reste que cendre,
Ou tu auois encor & l'iniure & le tort,
Qu'vn Henry te prenant te fis l'estre reprendre,
Et rallumant ta vie ilesteignit ta mort.

Ô bella

O belle ame ! qu'en toy se logeoit d'excellence,
Le Ciel, qui te presta, s'en est bien apperceu,
Te retirant à soy il declare à la France,
Qu'vn Ange pour vn homme en toy s'estoit conçeu.

Et de vray te voyant policer ton Empire
Sans heurt d'aucun malheur, ie congneu que la main
Du Ciel, qui t'auoit faict, guidoit ainsi ta mire,
Pour te remettre en fin au milieu de son sein.

La terre n'estoit pas de toy proprietaire,
Le Ciel n'est si prodigue en dons de si haut prix:
Henry, changeant la terre en celeste repaire
Las! c'est vne leçon, que tu nous as appris.

Ceux qui auez congneu mon Prince estre en la guerre
L'indomptable Alexandre, & Salomon en paix,
Dictes la verité, & direz que la terre
Ne portoit dignement vn si celeste faix.

L'essay nous en faict foy, & craindrois que l'enuie
Contre nostre bon heur ne l'eust armé de fiel,
Si Dieu ne faisoit voir qu'il luy oste la vie,
Ainsi la mort, pour iamais le faire viure au Ciel.

Le besoin qu'il nous faict en perd la souuenance,
Et marriz que la mort l'a rauy de ce lieu,
Nous pleurons, (las malheur!) qu'il est mort à la France,
Le Ciel s'esiouissant, qu'il vit auecques Dieu.

France tu peux donc bien mettre bas toutes armes,
Quitter la les aprests de Mars & de ses ieux;

G

La mort de ton Henry te donne tant de larmes,
Que leur flux esteindra & la guerre & ses feux.

France poursui ton dueil, que l'effroy te partage,
Iette la ta parure, abas tous ces attours,
Tesmoigne par tes pleurs au mal de ton veufuage,
Que tu feras des nuicts au milieu de tes iours.

Veufuage fortuné en sa seule infortune!
Souffrant vn dueil si grand, qu'estoit grand son mary,
C'est ainsi que lon voit au mal qui l'importune
Henry digne de France, & la France d'Henry.

IMPRECATION SVR L'AS-SASIN.

STANCES.

Faut-il dire le vray? tu n'as merité (France)
D'auoir eu pour espoux ce grand Roy dans ton sein,
Ton merite luy eust donné toute assistance,
Ton sein eust faict l'abry du coup, & de la main.

O Coup, ô main d'enfer! main a son coup conduicte
Du Prince des Demons, du Roy de cruauté,
Iamais des plus petits la main n'eust esté duicte
A meurtrir ce grand Roy, ce Prince de bonté.

Non, tu n'es pas vn homme, & moins natif de France,
(France aimable a son Roy) non; ton humanité
N'est qu' vn masque a tapir ceste infernalle engeance,
Qui craignoit d'vn grand Roy la mi-diuinité.

O , que s'il est ainſy, hê ! ne peut il point eſtre
Que penſois tu felon ? tu ne iettois ton œil
Auec ton coup traiſtreux, car l'aſpect de ton Maiſtre
T'euſt rompu coup & veuë, au bril de ſon Soleil.

Soleil par la ſplendeur de ſa Royale face
Qui ſurpaſſoit celuy, qui loge dans les Cieux,
Car ſi par traict de temps il peut fondre la glace,
Henry fendoit les Cœurs du ſeul clin de ſes yeux.

Que ſi (traiſtre hibou) ce Soleil en lumiere
Ne t'euſt pas eſblouy, l'eſclat de ſes regards,
Qu'il eut du Dieu Guerrier, brillant de ſa paupiere
En Soleil t'euſt quitte, mais fouldroye en Mars.

Helas! Cieux auiuez d'vne lumineuſe ame,
Auez vous bien oſé regarder ce mechef?
Il failloit vous eſteindre, ou darder voſtre flame
Pour bruſler de ce traiſtre & le bras & le chef.

En ſa mort, auſſy bien le ciel fondit en larme,
Le Soleil ſe veſtit de ſon manteau de dueil,
Deplorants ſon malheur. Non, ils prenoient l'alarme,
Craignants qu'il ne fuſt mort pour les mettre au cercueil.

Or qu'ell'en eſt la cauſe ? eſt-ce que ſa vaillance
L'aiant mis ſur la terre au rang des demy-Dieux,
Pouſſee au deſeſpoir non moins qu'a l'eſperance
Deſeſpere la terre, & eſpere les Cieux?

Sil ne fault ſeulement que luy donner demeure
Au milieu de leur ſein, les voila bien contants,

Que s'il fault que leur vie, en son trepas, se meure,
C'est bien pour esbranler les plus forts & Constans.

Ouy-deà Voutes d'Azur ! Ouy-deà Lampe sola ire
Tremblez, & que l'obscur engloutisse vos feux,
L'ame du preux Henry parest desia si claire,
Qu'ell' vous croule d'effort, qu'ell' vous rend tenebreux.

Parlé-ie aux insensez. Il est vray c'est la plainte
D'vn cœur noyé d'ennuy, pour la mort de son Roy
Il est a pardonner : vne ame ainsy attainte
Peut penser que le sens par tout est hors de soy.

Si mon sens est ia mort, c'est pour toy mon Monarque,
Pour toy s'en va mourant mon haleine & ma voix,
Pour toy mourra ma vie. O trop cruelle Parque!
Qui mourir ne me fais, pour mon Roy, que trois fois.

Mais de ma vie enfin ma mort sera suiuie
Mourant auec mon Roy; ô quel estre nouueau!
Car c'est bien dignement renouueler ma vie
Qu'en la mort de mon Roy me bastir vn tombeau.

IN MORTE HENRICI IV.
Galliæ & Nauarræ Regis.

DIALOGISMVS.

Galliæ lugentis consolantisque Angeli
tutelaris.

GALLIA.

QV A parte Phœbus reddit æripedes equos,
Qua parte anhelos recreat Hesperio mari,
Lupata quà detorquet in geminum latus,
Et inhospitales recreat aspectu polos,
Lamenta resonent. Mundus ingratus silet?
Quin gratiarum est, quod silet. Nimius dolor
Exsiccat hyadas, fulmini vocem clepit.
Quod iura voci laxat, est lentum malum,
Heu mergor intus, membra destituit calor.

TVTELAR. MICHAEL.

Quid mœsta lacero crine, sulcato sinu,
Altéque carptis vngue funesto genis
Moreris superstes? viuis ambigua, & peris?
Casus seueros quisquis impatiens videt,
Plagamque manibus asperat, bis est miser.
GAL   Plenos dolores, numinis totam manum
Perferre, nec deficere, quam supra virum!
MICH. Cumulatavirt° fruitur, & crescit malis:
Fulminis ab igne, nil nisi lucem trahit.

G iij

GAL. *Ita quando miti vibrat amentum manu*
Iuppiter, amica lenit & fulgur face,
Si densat ictum, tangit, & perdit simul
Sed quid ago misera? quid loquor? Perdo diem
HENRICE, *dum te non gemo, dum non sequor,*
Consumo vitam. Proh Deum! Quo? quo fugis
Mea vita? Post te pectus hoc ventis abit.
Quis tu satelles vota qui fallis mea?
Etiamne reliquas inuides lachrymas mihi?
Nequit esse numen, ille, qui afflictos premit.
MICH. *Ego Galliarum Præsul, Henrici comes,*
Tuus ille Michael Angelus. GAL. *Quondā meus.*
MICH. *Yuriaca per pericla tutabar ducem.*
GAL. *Seruare regni quem nec in medio potes.*
MICH. *Per me cruenti martis instantes globos*
Impunè fregit. GAL. *Pace qui plena cadit.*
MICH. *Parūne ab eius latere tot grauidū minis*
Hebetasse ferrum? GAL. *Ciuis vt pereat manu.*
MICH. *Vibrata cordi vulnera excußi quater.*
GAL. *Tandē vt secaret media pulmonis calybs,*
Largaque fluerent sanguis atque animus via.
MICH. *Saltem tot annis rege conceßi frui.*
GAL. *Possessa dudum, durius pereunt bona.*
MICH. *Nullūergo munº, tot caput palmis graue?*
Quod passu eodem laureos gressus tulit
Pugna. & corona? Sceptra quod quisquis gerit,
Quacumque cæli limes includit solum,

Amat, aut veretur? GAL. Magna ſed finē haud,
Qui liberalis cœpit officium exequi,   (habent.
Medioque ſiſtit, excidit primum datis.
MICH. Sic ore duro cælitem mulier petit?
Parco dolori. GAL. Parce, ſi lentè queror.
Funĉtum parentem frigidè quiſquis gemit,
Prope parricidā eſt. Dolor, Amor, creſcūt ſimul.
MICH. Atenim receptum fletibus manda tuis,
Ego panaceam vulneri certam fero.
GAL. Præcipite qualis filium netum colu
Ephyrea genitrix fletu inexhauſto gemens
Non ante lachrymis attulit finem ſuis,
Quam verſa fonti ceſſit in iuges aquas,
Sic ego. Faceſſe Diue, iam liquor malis.
MICH. Etiamque ſoſpes viuit Henricus tuus.
GAL. Dolui. Reſurgo vegeta, ſed perge obſecro,
Vitam benignus aſſere Henrico, & mihi.
MICH. Vix parricidas illa Tiſiphone manus
Capulo inferebat: Vix adhuc ſolis facem
Rubigine atra tinxerat ferri lue,
Latuſque per regale continuans iter
Subierat ampli iecoris ardentem tubum,
Cauo canali feſſus immoritur calybs:
Cum Pneuma ſanĉtum cordis arcano influens,
Puraque luſtrans gratia, Henricum ducem
Iam candidatum f cit æternæ domus.
Nouus medullis ſerpit afflatis calor;

Corona sordet : attrahit numen, pudet
Regni prioris. Vultus vt stellis cadit
Surgente Phœbo , sic humus ad cœli iubar.
Inhibere labor Heroa luctantem exitum.
At quando Christus arbiter vitæ & necis
Secreta vitæ soluit ambrosia manu.
Amore feruens anima regalis viri
Vno volatu subiit empyream domum,
Laboro comitans. Excipit prolem suam
Lodoicus auctor generis, & profert Deo.
Tiara reges vna coniungit Duos,
Regnumque flectent ambo coniuncta manu.

.I, querere quod rex pro solo , cœlum tenet.
Maiorque terris suppari creuit polo.
Mori necesse est summa vel decrescere.

DE REGIS MORTE.

EPIGRAMMA.

Reddiderat Gallis vitam per vulnera prin-
ceps,
Gallus eum euitat vulnere: fulmen vbi est?

NÆNIA

NÆNIA CONSOLATORIA
ad Flexiam de corde Henrici IV.
iBidem sepulto.

HENRICI tegit urna cor sepultum,
Extincti tamen haud latent amoris,
Queis te, FLEXIA, semper arsit, ignes.
Feralis procul absit hinc cupressus,
Absit hinc apium, absit & papauer,
Tristis omina mortis, & sororum,
Tristi stamina quæ colo laborant,
Tristi fata hominum trahuntque penso:
HENRICI iacet hic cor, at supersunt
Queis te, FLEXIA, semper arsit, ignes.
Plenis spargite lilium canistris,
Narcyssum, violas, ligustra, caltham,
Flores idalios, thymum, crocumque,
Et mixtis colocasiis acanthum:
Quicquid campus habet virens colorum,
Quicquid hortus alit, nemusque florum,
Hanc pie super inferatur urnam;
HENRICI iacet hic cor, at supersunt
Queis te, FLEXIA, semper arsit, ignes.
Plenis fundite balsamum fluentis,
Halent coryciæ comæ, nec inda
Desint germina, nardinæque guttæ,

Stacte, cinnama, persicǽque messes:
Quicquid vel regio sabǽa mittit,
Vel felix Arabum seges ministrat,
Hanc piè super aggeretur urnam;
HENRICI iacet hic cor, at supersunt,
Queis te, FLEXIA, semper arsit, ignes,
Grato semper odore mollè spirant,
Caro semper amore dulcè viuunt.
Adhuc cùm tenues foueret auras,
Cùm vitam traheret fauentè cœlo,
Tibi, FLEXIA sis memor, bonorum
Cornu diuite copia appluebat,
Honos te niuea ambiebat ala,
Voluptas tibi prosperǽque sortes
Ridebant, hilares dies agebas
Eius auspiciis, pioque nutu,
Corde te abdiderat profundiori:
Nunc terras quoniam reliquit imas:
Ne desit tibi quippiam, ecce mandat
Cor suum gremio tuo recondi:
Felix FLEXIA, sed perennè felix!
Grande depositum beata seruas,
Grandi FLEXIA gloriare dono:
HENRICI tegit urna cor sepultum,
Extincti tamen haud latent amoris,
Queis te, FLEXIA, semper arsit, ignes.

ELEGIA GRATVLATORIA DE
corde Henrici IV. Flexiam delato.

SAT lacrymis, querulisque datum mœroribus, euge
   Lætior humentes, FLEXIA, terge genas.
Vrbibus è multis, gremio quas Francia condit,
   Altera delicias, altera iactat opes.
Illa superbificos longè commendat honores,
   Illa vetustatem nominis, illa genus.
Hanc super aggestæ præfractis rupibus arces,
   Mœniaque, hanc celebrē plebs numerosa facit.
FLEXIA Franciacas supra caput exeris vrbes,
   Quando tenes placido regia corda sinu.
Hinc tibi deliciæque, & opes, & nomina surgūt,
   Hinc genus, arx, muri, plebs numerosa venit.
Hinc decor, hinc niueis ambit te gloria pennis,
   Hinc aperit plenos copia lauta sinus.
Fama per externas hinc te vehit inclyta gentes,
   Quà citat auricomos Phœbus anhelus equos.
CONCIPE vocales, age FLEXIA, cōcipe cātus,
   Quando tenes placido regia corda sinu.
Penè quidem priscis certantia Mausolæis
   Cœlituum sociant te monumenta choris:
Attollunt cœlo spectanda palatia molem,
   Artifices scita quam posuêre manu:

H ij

Hîc habitant doctæ deserto Helicone sorores,
 Hîc statuit sacras lætus Apollo fides.
Hîc Cyrrha, hîc Delphi, viret hîc Parnassia laur°,
 Labitur hîc tacito Castalis vnda pede.
Sed nihil hoc, quia depositum tibi creditur ingens,
 Cætera quod pretio nobiliore premit.
CONCIPE vocales, age FLEXIA, cōcipe cātus,
 Ecce tenes placido regia corda sinu.
Nulla tuis vnquam natis discrimina surgent,
 Sed bona currenti fonte perennè fluent.
Quamuis dira fremant elisis fulmina nimbis,
 Ridebis trisidas FLEXIA tuta faces.
Mars licet horrifero perturbet cuncta tumultu,
 FLEXIA terrifico non quatiere metu.
Prospera te excipiet vultu fortuna sereno,
 Auertentque graues fata seuera minas.
CONCIPE vocales, age FLEXIA, cōcipe cātus,
 Ecce tenes placido regia corda sinu.
Mens populi, pariterque manus te seruat: at ecce,
 Inquies, heu morti victima cæsa iacet.
Credo, sed extinctos etiamnum armenta leones
 Pernici fugiunt vasta per arua pede.
Quæcūque à Francis possunt, vel ab hoste, timeri,
 Omnia, vel functus sit licet ipse, premet.
Regē etiam Franci venerantur amantque iacentē,
 At metuunt hostes. hinc amor, inde timor:

Hîc gladi°,clypeusq; ingēs:proh FLEXIA felix,
FLEXIA,quam magni nominis vmbra tegit.
CONCIPE vocales,age FLEXIA,cōcipe cātus,
Ecce tenes placido regia corda sinu.

PRIMARIO LAPIDI HEN-RICÆI COLLEGII CARMEN insculptum.

FRanciadum Henricus Quartus regna-
tor, Olympi
   Deliciæ, per quem surgit auita fides.
Hoc saxum posuit, quo sese immania fir-
ment
   Templa Deo, & musis tecta dicata
   leuent.
Cor locat hic proprium,quo quid pretio-
sius ? vni
   Quod sibi deposcit Christus,id ille
   dedit.

VESTIBVLO COLLEGII REGII FLEXIENSIS CAR-
men inscribendum.

POST tot longæuo sudatos Marte
   triumphos,
Et decertatum ciuili sanguine regnum,
Palladia HENRICVS laurū mutauit oliua,
Et gemini clausit pugnacia limina Iani:
Virtutesque, artesque sinu complexus
   amico,
Sedibus his statuit morum, sophiæque
   Magistros.
Dic ergo HENRICI æternùm sit fama
   superstes,
Ne refluis retro sæclis moriātur honores

FINIS.

www.ingramcontent.com/pod-product-compliance
Lightning Source LLC
LaVergne TN
LVHW022321170726
843503LV00006B/2624